U0120967

LE FÉMINISME

EN 7 SLOGANS
ET CITATIONS

图文小百科

女性主义

[法]安妮-夏洛特·于松　编

[比]托马·马修　绘

陈潇　译　　　后浪漫　校

九州出版社
JIUZHOUPRESS

前　言

太初有厌女症……

　　西方文化中，叙事作品的两大奠基之作是《工作与时日》[1]（赫西俄德著）和《创世纪》，其中最古老章节的写作时间可以追溯到公元前 8 世纪。两部作品有一个奇特的共同点，即都讲述了人类第一名女性的诞生。用黏土制造的潘多拉和用尘土[2]制造的夏娃之间的共同点不止一个，其中不容忽视的一点就是二者都被人们定义为世界上所有灾难的罪魁祸首。事实上，根据古老的传说，人类世界的祸源是潘多拉——宙斯把她塑造得无比愚蠢、邪恶和懒惰，却又无比美丽——那过分的好奇心。潘多拉打开了其配偶埃庇米修斯的罐子，释放出所有的邪恶，即她配偶的哥哥普罗米修斯之前费尽苦心才压制住的衰老、劳作、疾病、疯狂、恶习和激情。夏娃则触犯了禁忌，品尝了智慧树上的禁果，并引诱亚当做出了同样的举动[3]，这个故事离我们更近，至今仍对我们的文化影响深刻。夏娃和潘多拉都受到了惩罚，但受罚的不仅仅是她们。她们犯的错误太严重，以至于天神大怒，她们的配偶也因为没有管教好自己的家眷而受到责罚。埃庇米修斯承受了愚蠢的潘多拉释放出来的所有罪恶。亚当则被牵连，要费尽血汗才能免遭饥饿，且世代承受苦难。夏娃与她之后的千千万万女性一样，只能接受男性的统治，且被罚饱受生育之苦。[4]从这两部作品中可以总结出再清楚不过的寓意：男人的事情女人不要掺和，男人要对女人严加管教，让她们远离政治。

　　《荷马史诗》也与之异曲同工。荷马笔下的女性不管是女王还是女

1

仆，一概匍匐于男性脚下。她们被转赠，被贩卖，被赐予胜利者，或被视为单纯的战利品跟牲畜进行交换，甚至会被吊死。例如有关忒勒玛科斯的一卷，忒勒玛科斯是奥德修斯与柏涅柏的儿子，他曾判处 12 个女仆绞刑，罪名是她们居然敢在奥德修斯不在的二十年期间跟觊觎王位者上床。[5]

我们转过来看看其他印欧文化和东方文化，也可以很容易地在伟大的古籍中找到女性臣服的记载。根据中国最古老的伟大作品之一《易经》（另一通用译名是《变化之书》），女性在中国社会中的角色也是非常明确的，即回归家庭：**"女正位乎内，男正位乎外。"** 程颐对此句的注解为：**"男女各得其正位也。"**[6] 另有文字明确了女性在孩子身边的地位：**"有孚威如，终吉。"**（持家者过于温情、慈爱，就会失去威严。）或者是：**"妇子嘻嘻，终吝。"**[7]（妻子儿女放肆嬉笑，家庭就失了规矩，终将败落。）《易经》最古老的段落也可以回溯到公元前 8 世纪，其书写者也是男性：后人一般认为作者是伏羲、周文王，后来孔子也贡献了重要的见解。

印度最古老的史诗《摩诃婆罗多》[8] 的作者据传说是毗耶娑 —— 又是男性神话角色。作品明确指出女性应臣服于男性。在一个著名的段落里，女王夏琨塔拉提到一道德准则，即所有品性良好的妻子在丈夫死后都必须随他而去。就是这一段文字引起了自焚殉夫的风俗 —— 寡妇们自愿跳入（或者"被自愿"跳入）丈夫火葬的火堆中。[9]《摩诃婆罗多》中的很多传说已经深刻、持久地渗透进印度文化中。这种献祭方式虽然后来（直到 1987 年！）被官方明令禁止，但在某些地方还顽固地残留着。如今在印度，如果一位女子的配偶死去，她就会被默认为没有权利再嫁。在某些地方，人们甚至认为寡妇应该对她丈夫的死亡担责，因为她没能留住死者的灵魂。

这些不过是从世界文学奠基作品中抽出的几个例子。同样令人悲痛的段落比比皆是，我们大可以继续在非洲、印第安和因纽特的传说中寻找例证。正如伟大的神话和宗教专家乔治·杜梅齐尔所说：**"神话叙事的阶级**

功能是以戏剧化的方式传达所处社会的意识形态，并且不仅仅为社会意识维护社会认同的价值观和一代代不断追求的理想，更要维护社会本身、社会结构，以及构成该结构的各种元素、社会关系、社会平衡及压力，继以说明规则及传统做法存在的合理性，因为没有它们，社会将会分崩离析。"[10] 这些伟大的神话明显以各自的方式为厌女症提供了依据，如今还在继续以道德加持的方式为其辩护。西蒙娜·德·波伏娃在《第二性》第一卷中写道："和世界本身一样，描述世界也是由男人操作的；他们依据自己的观点去描述它，并将自己的观点混同于绝对真理。"[11]

于是有了争议……

　　既然是男性制定规则，我们看到女性上台进行争辩时也就无须惊讶了。之所以有诸多伟大的女性主义作品相继问世，正是反驳、对抗和解构男性话语权的必要性使然。最早的"**女性争论**"出现在 1401 年，伟大的原型女性主义者克里斯蒂娜·德·皮桑[12] 批判了让·德·默恩的《玫瑰传奇》中贬低女性形象的描写。[13] 1622 年，玛丽·德·古尔内出版《男性与女性的平等》，成为最早探讨性别等级问题的女性之一，她著书是为了回应雅克·奥利维耶——《女性的缺陷与恶习》的作者，该书在那个年代大受欢迎，数次再版。1787 年，玛丽·阿芒德·嘉贡-杜福尔[14] 撰写了《女性对抗男性备忘录》一书，目的是反驳亨利·德·费舍·阿尔泰兹（又名费舍骑士先生）在《年轻男子的沉思》一书中的下流论调。1792 年，玛丽·渥斯顿克雷福特[15] 在《女性权利的辩护》一书中用几页篇幅专门反驳卢梭和其他几位作家的观点。1858 年，朱丽叶·亚当[16] 发表了《关于爱情的反蒲鲁东主义观点：女性与婚姻》。两年后，女性主义者兼社会主义学家珍妮·德埃里古在《被解放的女性》一书中对米什莱、奥古斯特·孔德和蒲鲁东（又是他）等人进行了指责。[17] 无须再继续列举书名，这书单实在是太长了。前几年，伯努瓦特·格鲁收集了将近 300 页的跟厌女症相关的引语，尽是伟大的男性对女性的看法[18]……

女性主义绵延不绝……

　　在这本漫画出版之前，我们受到了多方的期待与支持，这使我们明白，在 2016 年出版一本关于女性主义的专著仍然是有意义的，也是有益处的。如今，女性主义的斗争依然随处可见，而且女性权利的践行还有很多地方需要改善。在欧洲，自法国大革命以来，女性成功地 —— 开始是以难以察觉的方式 —— 逐渐夺得一些本来只属于男性的职务。我们或许应该说"夺回"……

　　埃利亚内·维耶诺（Éliane Viennot）和雷吉内·佩尔努（Régine Pernoud）所做的中世纪史研究指出，中世纪的女性比 18 世纪的女性享有更多的权利。在中世纪，至少在农民、手工艺人和商人的圈层中，女性是可以独自操持一个作坊、一家商店，甚至一门营生的。据调查，在 13 世纪末的巴黎还有女医生，例如著名的雅克琳娜·菲丽西·德·阿拉马尼亚[19]，有女药剂师，还有在学校任教的女教师；而且跟法国大革命时期正好相反，不论有钱人家还是贫苦人家的女儿都有接受教育的权利。**"爱洛伊丝在阿让特伊女修道院长大，那里的年轻女子学习圣经、文学、医学（甚至外科学），以及阿伯拉尔[20]教的希腊语和希伯来语。一般来说，教士兴办的小型学校给学生教授基础语法、算数、几何、音乐，让她们有机会接触大学里学习的科学知识；有些学校甚至会教授某些专科技术。"**[21]然而，这种受教育权也是受限制的，因为女性一般不能上大学，极少有特例。意大利的贝蒂西亚·戈扎蒂尼（Bettisia Gozzadini，1209—1261）是博洛尼亚大学第一位获得法律博士学位和法学教师资格的女性，这是很特殊的例子，因为她是靠女扮男装骗过了世人。直到 1390 年，才有另一位女性不需要用同样的伎俩就达到同样的成就，她是多罗泰娅·博基（Dorotea Bocchi），她站在同一所大学的医学和哲学讲坛上执教达 40 年之久。在意大利，女学生和女教师都不罕见，但这段时期仿佛只是一个短暂的开窗期；女性到文艺复兴时期便失去了她们的独立权，法学家们重新引用罗马法典，重申法典里提到的女性次等地位。[22] 女性追求平等的漫长斗争史并非一连串的胜利。巴黎医学院直到 1868 年才允许女子进入讲座厅。而索邦大学医学院直到 1880 年才开放这一权利。

一场漫长且艰辛的战争

法国大革命除了一些不值一提的小改革，为女性带来的改善少之又少。甚至可以说，在这样一个可怕的时期过后，她们反倒失去了很多既有的权利。对此，埃利亚内·维耶诺在《法国、女性和权力》第三卷中漂亮地总结道："四个世纪以来，两性关系本来既是大量反思的对象，也是尖锐争论的话题，（法国大革命之后）却突然变成了从此以后执掌权力的男性可以立法解决的问题。他们没有浪费自己的权力，只花了几年的时间就正式赐予自己本来就特有的权利，且从女性身上夺走了她们原本保留的权利。虽然可以说特权被大革命消除了，但是此前的男性特权却从此成了通行的法则。"[23] 大革命结束后，我们走进了 19 世纪，然而法国社会的法律法规依然对女性不利，甚至比以前更加糟糕。女性总是被强迫服从丈夫的选择；仍需担心多种形式的暴力（男性仍然依法享有在某些场合使用暴力的权利）；报酬只有男性的一半；还得忍受配偶无伤大雅的出轨（然而如果她们也想稍微放肆一下，就得面临 3 到 24 个月的牢狱之灾）；仍需有父亲或者丈夫的许可才可以进入司法程序处理不论何种事务，比如出售财产或者享有孩子的监护权；只能在极为有限的职业中做出选择；最后，还要接受一件事，即她们是被禁止接受教育的……几十年过去了，直到 1881 年和 1895 年，两条有利于女性的法律条款才得以通过，一条是允许女性自己开设邮局账户，另一条是不需要丈夫的同意就可以取钱。要知道，事实上大部分银行从未执行后一条款，因为丈夫在法律上是其配偶的债权人。同样是由于这种法律条款之间的自相矛盾，1938 年废除第 213 号条款 —— 该条款规定所有的妻子都必须服从丈夫 —— 的法律条款也形同虚设，因为丈夫在法律上仍被称为**"一家之主"**。新法在出台的时候被视为女性的福祉，实则成为一纸空文，一切照旧。[24]

列支敦士登，你听说过吗？

1986 年，一场名副其实的革命正轻手轻脚地在欧洲中心上演。列支敦士登公国历史上第一次有一个左派政党参与了竞选。在该国人民的记忆中，这个党派 —— FP，即自由名单党 —— 最富原创性的观点无疑就是男女平等。FP 在前一年创建，寄希望于运气。它在国家政治棋盘上的出现伴随着另一个前所未有的现象：在这次绝对不同以往的全国选举中，列支敦士登公国的女性可以投票啦！在法国，广播里放着米莲·法莫的歌曲《放纵的人》[25]。该国首都瓦杜兹的投票结果统计公布后，很多人公开表示幻灭：自由名单党没有获得任何席位，仅获得 7.1% 的投票。

今天看来，欧洲最后一批拥有投票权的女性从一开始就没有成功地将命运把握在手里，这不免让人吃惊。列支敦士登这个袖珍小国，虽然晚了 30 年才在投票权的问题上追平法国，但其民主推进的速度很快超过许多其他欧洲国家。葡萄牙 1975 年才授予女性投票权，仅仅比列支敦士登早 10 年；此前，集教权、法西斯于一体的萨拉查主义统治了 50 年，在很大程度上限制了女性投票权以及其他基本权利的实行。法国也没有好到哪里去，好不容易才摆脱传统的束缚：女性投票权从法国大革命时期就开始被提出，在整个 19 世纪被反复讨论。我们很清楚，一直等到 1945 年 4 月的市政选举，女性才最终真正参与了投票。战争时期伟大的性别关系专家法布里斯·维尔吉里提醒我们，女性投票权是在一个非常特别的历史语境下浮出水面的，因为从 1943 年到 1946 年，将近两万法国女性被剃了平头：**"这就是要告诉法国女性，就算她们最终获得了公民政治权，第一次去投**

票，她们的身体还是受到男性的控制。"[26]

很多历史学家认为，直到 19 世纪，共和党人大多数是反对女性投票的。他们认为女性比男性更虔诚，因此得出一个怪结论 —— 如果赋予她们投票权，会导致教权的回归。1871 年，著名的女性主义者和两性平权的热情拥护者玛利亚·德雷姆斯和莱昂·里歇尔在他们创办的《女性权利》杂志中说："**女性的精神还是承受着太多的宗教桎梏。**"但出错的绝不只是反教权的女性主义者，这个问题涉及更深、更广的政治层面。投票权的问题，首先是诞生于资产阶级之中，主要针对生活优渥的女性或者是出身于中产阶级的女性。19 世纪的女性主义者大部分是左派的、文化水平较高的女性，事实上只能代表极为有限的一个社会阶层。也是基于这个原因，工作的辛苦对于这些女性主义者来说是很难体会的，她们很晚才想到还有这个问题。女农民在 20 世纪初还是女性劳动者的主体（只有 20% 的女性在农业领域之外工作），而她们很少有机会听到女性主义的讲座。第一次世界大战对这个阶层问题产生了巨大的影响。为了弥补日渐不足的收入，来自资产阶级的女性被迫开始工作。仅仅在这种情况下，女性主义者才真正意识到劳作的辛苦，而贫困阶层的人早就知道了。[27]

今天的战斗

在 19 世纪前半段，著名作家扎维尔·德·迈斯特[28] 在给他女儿的一封信中写道："**女人的一大缺点是想成为男人，而想成为学者就是想成为男人。**"这句话在今天是难以想象的，它只向我们确保了一件事情，即现在仍然存在关于女性权益的斗争，我们不能幼稚地认为斗争已经取得了彻底的、一劳永逸的胜利。幸亏时代已经变了，在 19 世纪 90 年代的法国，如果女性表现出"**不顺从和冒失的危险想法**"的苗头，即未经允许就去旁听法兰西公学院的讲座，那么她的丈夫就可以跟她离婚。[29] 以上是从历史学和文献史学的角度对女性权利做的简短回顾，或许跟 2016 年的世界还能产生些许共鸣，但没有触及当今女性主义的重大课题，因为安娜－夏洛特·于松会在接下来的漫画中做进一步的阐释。正如她在第一页就强调的那样，如今的女性主义不是一种主义，而是多元化的。这种演化一方面催生了很多宝贵的理论财富，另一方面也无可避免地导致内部分化。然而仍需指出，21 世纪的女性主义者在很多问题上的诉求是一致的，例如工资平等、平等的参政权利……**"新女性主义者"**如卡米耶·艾玛纽埃尔等人向我们指出，当代女性主义内部的真正分化集中在与身体有关的议题上，例如代孕、卖淫、色情产业、佩戴头巾、强奸（分歧已经很少）、堕胎和避孕等。[30]

名言和口号

为了更好地从不同角度勾勒出女性主义的轮廓，安娜－夏洛特·于松想出一个好主意，即从七个著名的口号和引言着手。具体的选择并不简单，因为关于女性主义斗争的话题有很多。**"大男子主义消亡后，女性主义自会消失"**、**"两个人中就有一个是女人"**、**"同工同酬"**、**"比无名士兵更不知名的是他的妻子"**、**"孩子，想要才要，想要的时候才要"**、**"房事不只是为了繁衍"**……这些口号完全可以作为这部漫画的章节标题，此外还有许多类似的口号，另有许多口号即将诞生。永远不要忘记女性受的苦比男性多得多，而且还有很多场女性主义战斗尚未成功。科学和技术取得了难以置信的进步，但仍然没有任何一项政治决策致力于根除女性遭受的暴力和强奸 —— 每年数以百万计（我们能够掌握的还只是得以上报的案件数量[31]），也没有多少力量被用于控制孕产妇死亡率 —— 根据世界卫生组织 2006 年的统计，每年约有 50 万名女性因此丧生[32]。这些数据简直让我们震惊得无力抗争，但我们切勿忘记数据之上的更重要的事情，即性别不平等首先是蛮横有力的、根深蒂固的文化偏见的产物。维吉妮·德庞特通过警句的格式比任何人都更淋漓尽致地强调了这一点，句句正中靶心：

"所谓女性化，就是害羞胆怯。隐忍低调。好好听话。不能聪明外露。只需聪明得足以听懂美男子的话就够了。多嘴多舌是女性化的。一切留不下痕迹的。家务活，每天都重复做的，没有名字的。高谈阔论不是，鸿篇巨著不是，伟大事件不是。小巧的，可爱的。阴柔的。但是喝酒 —— 阳刚。有哥们儿 —— 阳刚。扮丑作怪 —— 阳刚。赚很多钱 —— 阳刚。有辆豪车 —— 阳刚。浪荡无行 —— 阳刚。有竞争意识 —— 阳刚。要强好斗 —— 阳刚。想跟大量的人上床 —— 阳刚。面对威胁粗暴回应 —— 阳刚。早上没有时间收拾打扮 —— 阳刚。穿着方便随意 —— 阳刚。所有做起来很有趣的事情都是男性化的，所有让人活下去的事情都是男性化的，所有让人进取的事情都是男性化的。四十年来，这一点没怎么改变。"[33]

达维德·范德默伦

比利时漫画家，《图文小百科》系列主编

注　释

1　古希腊流传下来的第一首以现实生活为题材的诗作，较详细地记载了古希腊时期的种种宗教祭日和有利于从事不同工作的"黄道吉日"。——译者注

2　即 Adama，从希伯来语翻译而来，意为"土地"，所以《圣经》舒拉基译本中有"尘土亚当"的说法。

3　《创世纪》2:18—3:24。

4　《创世纪》3:16。

5　荷马《奥德赛》第二十二卷。

6　《易经》，1885 年版，保罗-路易 菲利克斯·费拉斯特尔译本，第 685—686 页。（《周易·家人·彖》——编者注）

7　同上，第 693、697 页。（法译本采用诸多注解中的一种，仅供参考——编者注）

8　《摩诃婆罗多》最古老的段落可以追溯到公元前 4 世纪，公元 1 世纪大致成稿。它总共有 19 篇、12 万多行诗歌。《摩诃婆罗多》中最有名的故事是发生在同出于巴拉塔斯一系的两个敌对家族之间的斗争，一边是考拉瓦斯百兄弟，一边是潘达阿斯五兄弟。五兄弟的冒险故事之一讲的是谁拉动了德拉帕蒂公主的魔法弓箭，谁就成为她的丈夫，最终赢得美人的兄弟名叫阿祖那。德拉帕蒂公主的母亲非常开心，允许她女儿同时嫁给其他四个兄弟。经过一番波折，他们的表兄弟考拉瓦斯团队又夺得了德拉帕蒂，百兄弟的父亲让她做了十二年的奴隶。

9　1873 年，儒勒·凡尔纳发表《环游地球八十天》之后，印度这一传统在法国尽人皆知。凡尔纳并没有点出"殉夫"之名，但在第十三章描绘了这一仪式，并让男主角"路路通"从火堆里救出了艾蛾达夫人。

10　乔治·杜梅齐尔，《战士的幸运与不幸》，第 15 页，Flammarion 出版社，第二版，1985 年。

11　西蒙娜·德·波伏娃，《第二性》第一卷第十一章《事实与神话》，第 193 页，伽利玛出版社，1949 年第一版，1976 年再版。《第二性》的第一卷没有第二卷读的人多，但如果我们想从人类学、历史学和哲学角度去进一步了解女性问题的话，其实第一卷更有趣。

12　克里斯蒂娜·德·皮桑（Christine de Pizan，1365—1430），欧洲中世纪女作家，西方女性主义文学的先锋，极力反对中世纪艺术中对女性的污蔑和偏见。她也是欧洲历史上第一位以写作为生的女性作家。——译者注

13　这场论战出现在克里斯蒂娜·德·皮桑与人道主义者让·德·蒙特厄依的书信里。《关于"玫瑰小说"的反驳》一书现在已经遗失，但其主要观点我们通过其他人在书信中的评论得以一瞥。参见维尔吉·格林尼的《"玫瑰小说"论战》，第 297—311 页，《中世纪人道主义研究》第 14 期，Garnier 出版社，2007 年。

14　玛丽·阿芒德·嘉贡-杜福尔（Marie Armande Jeanne Gacon-Dufour，1753—1835），法国文学家、农业经济学家、女性主义学者，著有大量的通俗、学术著作。——译者注

15　玛丽·渥斯顿克雷福特（Mary Wollstonecraft，1759—1797），英国作家、哲学家，是女性主义哲学的鼻祖之一，其我行我素的个人生活方式也被后人津津乐道。

16 朱丽叶·亚当（Juliette Adam，1836—1936），法国女作家、政论家，曾获法兰西学术院大奖。——译者注

17 珍妮·德埃里古（Jenny d'Héricourt，1809—1875），法国作家、革命家、助产士。

儒勒·米什莱（Jules Michelet，1798—1874），历史学家、散文家，著有《法国史》《法国大革命史》等经典著作，被称为"法国史学之父"。"文艺复兴"一词即出自他笔下。他也写过《女人》《爱情》等引发争议的作品。

奥古斯特·孔德（Auguste Comte，1798—1857），法国著名的哲学家，社会学和实证主义的创始人，法国"社会学之父"。

皮埃尔-约瑟夫·蒲鲁东（Pierre-Joseph Proudhon，1809—1865），政论家、经济学家，无政府主义的奠基人之一。——译者注

18 伯努瓦特·格鲁，《这男性的保证》，Albin Michel 出版社，1993 年。我们也注意到历史上一些既罕见又了不起的特殊情况，即存在一些身为男性的女性主义前驱，例如普鲁士法官西奥多·高立博·范·西佩尔，他于 1792 年发表了《如何改善女性的地位》一书。

19 出生于意大利佛罗伦萨的一个贵族家庭，生卒年不详，13 世纪末 14 世纪初在巴黎生活并取得合法行医资格。——译者注

20 彼得·阿伯拉尔（Pierre Abélard，1079—1142），又名埃布尔拉德，法国著名神学家和经院哲学家，一般认为他开创概念论之先河。阿伯拉尔和爱洛伊斯的爱情故事在法国家喻户晓。——译者注

21 雷吉内·佩尔努，《中世纪之光》，第 113—114 页，Grasset 出版社，1944 年。

22 雷吉内·佩尔努，《教堂时代的女性》，第 171 页，Stock 出版社，1980 年。也可以参见埃利亚内·维耶诺，《领主年代：女子的权利》，收录于《法国、女性和权力 I：萨利克法典的制定，从 5 世纪到 16 世纪》，Perrin 出版社，2006 年。

23 埃利亚内·维耶诺，《法国、女性和权力 III：现代化是男性化的，1789—1804》，第13 页，Perrin 出版社，2016 年。这套一共五卷的大部头作品，探讨了 5 世纪至今法国女性的地位与权利，是迄今为止这个领域最重要的研究。2006 年第一卷《萨利克法典的制定，从 5 世纪到 16 世纪》出版，其续作《社会的反抗势力，从 17 世纪到 18世纪》于 2008 年出版。

24 西奥多·泽尔丁，《法国激情史 I：野心与爱情》（汉译本名为《法兰西浪漫史》），第399—421 页，Le Seuil 出版社，1980 年。埃利亚内·维耶诺关于 14 世纪到 20 世纪的研究在我们写作时还没有出版，于是我们参考了西奥多·泽尔丁的这段文字。

25 米莲·法莫（Mylène Farmer），法国女歌星，1961 年出生于加拿大蒙特利尔。她的第四首单曲《放纵的人》（"Libertine"）于 1986 年推出，因露骨的歌词与制作大胆的音乐录影带轰动一时。——译者注

26 法布里斯·维尔吉里提醒我们注意，剃头是没有从战败中爬出来的男性报复女性的象征。"在一个遭受战败侮辱的国度，男性们没有完成他们作为士兵的任务 [……] 法国需要重获胜利和雄风。[……] 因此，在政治清洗的背景下，以一种特别的方式去责怪女性。她们本可以跟男性叛徒一样被拘禁、审判，去坐牢，甚至被处决，但因为她们是女性，就遭受了剃头这一额外的惩罚。同样因为她们是女性，她们在敌人身边的周

旋就带上了色情的内涵。她们不是因为'跟德国人睡觉'而被剃头，而是因为她们是女性，人们就假定她们跟德国人睡觉，所以她们必须被剃头。"法布里斯·维尔吉里，《历史点》，见于《雄性史 III》，第 90 页，Le Seuil 出版社，2015 年。

27 根据泽尔丁《法国激情史》中的观点，第 399—421 页。

28 扎维尔·德·迈斯特（Xavier de Maistre，1763—1852），法国文学家、军事家。

29 同注 27，第 416—417 页。

30 卡米耶·艾玛纽埃尔，《性能量：性解放了女性（和男性）》，Anne Carrière 出版社，2016 年。

31 关于当今世界女性状况的相关数据报告及评论，推荐阅读《女性状况黑皮书》，XO 出版社，2006 年。

32 同上，第 233 页。

33 维吉妮·德庞特，《金刚理论》，第 127—128 页，Grasset 出版社，2006 年，口袋书出版社，2007 年。

* 左边框中原文为 égaux，是"平等"的阳性复数形式，也是主语中兼有阴阳两性时的惯用形式；右边框中原文为 égales，是阴性复数形式。——内文注释如无特殊说明均为编者注

几十年以来，各方在卖淫和色情等议题上产生了巨大的分歧，

也围绕着带有宗教色彩的配饰等问题争论不休。

我们说的都是"女性主义"这一个词，但它其实是多种女性主义的总称。

当然有一致的斗争……

但是也存在着内部矛盾，而且有些矛盾是不可调和的。

那么我们该怎么办？

大课题

小书

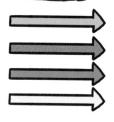

女性主义者经常吐槽说社会不倾听女性的声音。

我们就先倾听一下女性主义者的看法以及诉求。

不妨从他们的口号和名言开始。

"女性有权上断头台，就应该同样有权登上演讲台。"

奥兰普·德古热
（Olympe de Gouges）

《女权与女公民权宣言》第十条

奥兰普·德古热，原名玛丽·古兹，1793年成为继玛丽·安托瓦内特*之后第二个在法国大革命中登上断头台的女性。

奥兰普·德古热

女先贤祠

她被指控公开支持联邦主义以及反对罗伯斯庇尔。

她时年45岁。

玛丽·古兹出生于蒙托邦市，其生父大概是一位外省贵族作家。

我是私生女！

她很早就成家，17岁做了母亲，几个月后就开始守寡。

之后，她来到巴黎，开始自学写作并出版作品。

* 法国国王路易十六的妻子。1755年生于奥地利维也纳，1793年被处刑。

她没有用生父的
姓氏署名，

让－雅克·勒弗朗·德
蓬皮尼昂 *

也没有用亡夫的
姓氏，

路易－伊夫·
奥布里

也没有用向她
求婚未果的情人的
姓氏……

雅克·比特里
克·德罗吉尔

她选择了一个
光彩夺目的笔名：

用她母亲的中间名加上
出生时的贵族姓氏——
但改得更好听了点。

人们认为她跟很多男性交往过，
给她封了一个称号：

交际花！

她的作品极其政治化
且离经叛道：

近百本小册子，内容涉及
废除黑奴贸易、性别平等、赋税改革、
殖民问题、离婚……

一部自传体小说，

十几部戏剧，

她在 1785 年因为一个反奴隶制
的剧本《扎莫尔与米尔扎：
幸福的海难》而一举成名。

1788 年，她在《关于男性
黑奴的思考》中写道：

这种对于不公正和
大自然在统治中的
作用的思考，我们在
她关于性别平等的
作品中还会读到。

啪
啪！

好！

这与大自然没有任何
关系……是白人的
不义和强大利益
造成了这一切。

* 奥兰普受洗时父亲缺席，故"父亲"一栏没有留下签名，谣传这位大诗人是她的生父。

（摘自《女权与女公民权宣言》序言）

1789 年，她投身法国大革命，一如既往地以笔为武器。

1791 年 9 月，奥兰普发表了《女权与女公民权宣言》。

两年前的 1789 年 8 月 27 日，著名的《人权和公民权宣言》发表。

她揭示了这份宣言中的陷阱，即号称是为了全人类的福祉……

HOMME* = 所有人

…… 事实上却将女性排除在外。

HOMME = 男人

奥兰普故意按严格的字面意思理解平等原则。

为了使宣言真正面向所有人，她为宣言加上性别，另附一版：

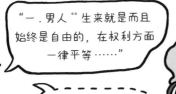

"一.男人**生来就是而且始终是自由的，在权利方面一律平等……"

但女性不是，她们没有投票权。

"一.女人生来就是而且始终是自由的，在权利方面与男人一律平等。社会差别只能建立在公益事业的基础之上。"

→ 指出条款在暗中偏向男性。

→ 加入专门针对女性的内容，重新建立了平衡。

* 法语的 "homme" 意为男人，也可以泛指人类。
** 《人权和公民权宣言》原文中的 "人" 为 "homme"，所以也可以理解成 "男人"。

尽管她是因为政治理由被砍头的……

……在她死后，她的政治意义却被一笔抹杀。

反罗伯斯庇尔。

坏母亲！

荡妇！

疯女人！

哎哟

Olympe: LA FEMME-HOMME!*

悍妇、阴阳人、第一个创建妇女社团的奥兰普·德古热恬不知耻，不做家务，妄谈国事，犯下重罪。

奥兰普·德古热生来带有狂热的想象力，错把臆想当作大自然的启示。她始于满嘴胡言乱语，终于大逆不道，以至于竟想分裂法兰西！这个谋反者妄图成为国家首领，将自身性别所属的美德忘在一边，最终遭到法律的制裁。

当你们做回妇女天生应该做的事情的时候，你们才会真正觉得自己有价值、值得尊敬。我们希望女性被人尊重，正因如此，我们才迫使她们学会自重。

* 奥兰普，阴阳人！

8

女性公民权的诉求是法国大革命时期的一个重要问题，也是一个备受争议的议题。

1792 年，婚姻缔结双方平等。

财产继承权的不平等被废除。

离婚被认可。

1793 年，新宪法确立了<u>男性</u><u>普遍选举</u>的原则。

女性必须实行她们的政治权利，并参与到国家管理的事务中来吗？

公民阿玛尔，议会议员

我们可以统一回答：不可能！

大自然赋予女性的专门功能，对维护社会整体秩序至关重要。

这种社会秩序是男女差别的必然结果。每个性别的人都需要从事符合自身特点的职业。

每个人都被限制在一定的圈子里活动，不能越界，因为大自然限制了人类的能力，它的命令至高无上且无视任何人间律法。

大自然还真是天地不仁！

大革命时期的结束也标志着某些问题上的倒退：

在 19 世纪的欧洲和北美洲出现了一类资产阶级范式，即所谓的"领域分离"。

公共空间（男性）

私人空间（女性）

严格的分界线

"女性及母腹是男性的财产。"

男女的领域不仅分离，而且很不对称。

无须美化妻子对其配偶在道德和文明方面的影响，女性根本没有权利进入公共领域，政治权利更无从谈起。

这种意识形态远远没有消失。19 世纪到 20 世纪初，女性主义者要求参与普选并参与政治生活。

直到 1944 年，法国女性才获得了这些权利。

新女性
法国女性应该投票

新女性
法国女性想要投票
参议院的阻挠必须终止

直至今日，这些问题还是会引发争论；女性登上政坛的道路并非一帆风顺。

《快报》
从左派到右派
十位女政治家发起追求性别平等的示威活动
民调显示 71% 的民众认同
1996

法国国民议会的女性比例

《平等法案》出台

26.9%

1,3% 1,7% 1,9% 1,7% 4% 5,5% 5,8% 5,9% 10,8% 12,1% 18,5% 26,9%

1958·1962·1967·1973·1978·1981·1986·1993·1997·2002·2007·2012

议员女士们，议员先生们……

显而易见，主要是先生们！

哇喔

一条裙子！

政治家塞西尔·迪弗洛
2012 年

尊敬的议长……

呃……应该是女议长。

是，尊敬的议长。

嘻嘻嘻嘻

2014 年，朱利安·奥贝尔对话
桑德琳娜·马泽捷 *

利昂内尔·伦布罗索 @llumbroso

出于客观的原因，政治首先是男人的事情，尽管少数女性表现出了个人能力。

《快报》
• 女乐伶的风流韵事
• 萨科齐会抛弃她吗？
• 她如何捍卫她的改革
调查：
拉齐达·达蒂的任性之举
残疾人士　独家报道 尼古拉·于勒
2008

2015

* 2014 年，地方议员朱利安故意用阳性的 président（议长）而不用阴性的 présidente 称呼时任法国国民议会副议长的马泽捷女士，经人提醒后拒不改口，引发现场的争论和事后的惩罚、上诉、上诉被驳回等一系列闹剧。2022 年，他对生态部长蓬皮利女士故技重施，又引发一场骚乱。

女性投票权

得以行使的最早
一批国家和地区：

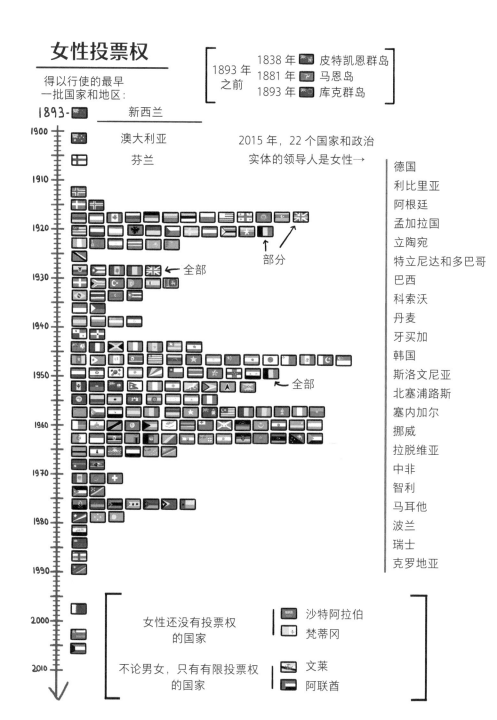

1893- 新西兰

1900 澳大利亚

芬兰

1893年之前
1838年 皮特凯恩群岛
1881年 马恩岛
1893年 库克群岛

2015年，22个国家和政治
实体的领导人是女性→

部分

全部

全部

德国
利比里亚
阿根廷
孟加拉国
立陶宛
特立尼达和多巴哥
巴西
科索沃
丹麦
牙买加
韩国
斯洛文尼亚
北塞浦路斯
塞内加尔
挪威
拉脱维亚
中非
智利
马耳他
波兰
瑞士
克罗地亚

女性还没有投票权
的国家
沙特阿拉伯
梵蒂冈

不论男女，只有有限投票权
的国家
文莱
阿联酋

"私人即政治"

 本章节涉及强奸。

法国大革命期间，
在经历了无数次论战和犹疑反复后，
妇女公民权问题终于有了定论：

她们被排除在外。

她们被认定为只能在
家庭范围内活动。

作为政治运动的女性主义，就是诞生于
女性对家庭妇女的宿命的反抗之中。

无司法权利（订立契约能力）
者为未成年人、已婚妇女及
智力低能者。

——第 1124 条

拿破仑
1804 年 3 月颁布的《民法典》
是资本主义国家最早的一部
民法法典，在很多国家被视
为立法的典范。

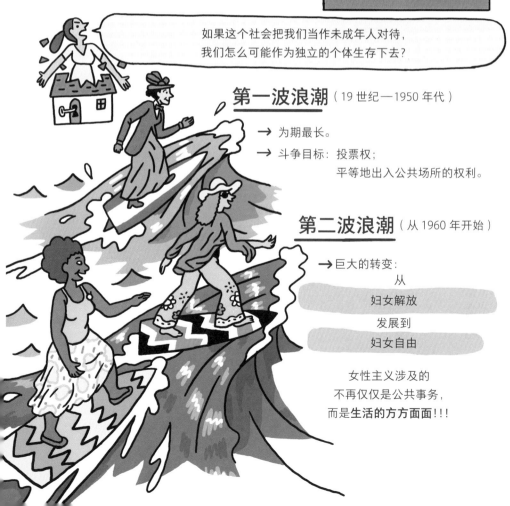

如果这个社会把我们当作未成年人对待，
我们怎么可能作为独立的个体生存下去？

第一波浪潮（19 世纪—1950 年代）

→ 为期最长。

→ 斗争目标：投票权；
平等地出入公共场所的权利。

第二波浪潮（从 1960 年开始）

→ 巨大的转变：
从
妇女解放
发展到
妇女自由

女性主义涉及的
不再仅仅是公共事务，
而是**生活的方方面面**！！！

20 世纪 60 年代，美国兴起了许多女性讨论小组。

女性们在这些小团体中谈论她们在日常生活中遇到的问题，

外在形象

避孕

堕胎

家庭暴力

以及当时刚刚被提出的一个新词：性别歧视

这种团体为女性的重要意识觉醒提供了机会，很快在多个国家发展起来。

女性们已经知道她们面临着许多共同的、被男人忽视的问题。

……会形成一个庞大的问题，而这个问题是政治性的。

她们意识到，数量巨大的共同问题汇聚到一起……

我们的**个人问题**就是**政治**问题，对此不存在任何个人化的解决途径。

只可能通过**集体的行动**来寻求**集体的解决**。

女权主义者、作家
卡罗尔·汉尼斯
1969 年

15

1968 年，左派斗士们
大声宣布：

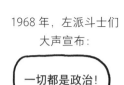

一切都是政治！

他们所指的不只是各类机构

或是政治家，

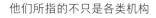

政治

政治

政治

政治

而是**一切**涵盖权力关系的事物。

女性主义者更明确指出：

私人即政治！

这个论断带来许多重要的影响：

① 女性仅靠将私生活
打理得井井有条
无法解决这些问题。

首先，她们不
应该为所受的压
迫负责；其次，
解决方案只能是
政治性的、
集体性的。

② 她们必须从内部组织起来，
共同对抗这个父权体制。

③ 巨大的动荡：
必须重新审视政治的定义，
以阻止其将某些问题排斥
在外，例如：

直至那时，人们都认为家庭暴
力只是男性与其配偶之间的问
题，而他有权利"教训"她。

每年有数以千万计的女性成为家庭暴力的受害者，我们必须改变政治观念才能对抗它。

堕胎或（在医疗机构完成的）IVG

也并非一开始

就是

政治问题。

IVG：自愿终止妊娠过程

在法国，尽管这个问题很早以前就有女性提出了，但还是有赖于女性主义者的多年奋斗、一宗痛苦的诉讼案和一位女律师的坚定意志，

才得以成为一个政治议题。

吉赛尔·阿莉米

博比尼案

1972 年，玛丽 – 克莱尔·C. 16 岁了。她的母亲在巴黎公共交通集团工作，独力抚养着三个女儿。

一天，玛丽 – 克莱尔被一个熟人强奸了。

"我们好几个人在一个朋友家听音乐。后来其他人离开了，只剩下我们俩，这个朋友拿起一把剪刀威胁我。

"他说他要戳瞎我的眼睛……他强迫我……"

2004 年，吉赛尔·阿莉米与玛丽 – 克莱尔·C. 一次谈话的录音片段。

玛丽-克莱尔怀孕了。她惊恐万分，最后告诉了她母亲。

自1920年以来，堕胎在法国是犯罪行为。

她的母亲米歇尔·C.在两个女同事的帮助下，找到了一个地下堕胎师。

也就是说，一个没有任何医学知识的女人答应给玛丽-克莱尔堕胎，收费1200法郎。

相当于现在的1280欧元，差不多是米歇尔·C.一个月的工资。

那个女人在我肚子里放了一根电线的塑料管。

我把那东西在肚子里放了三个星期。

然后有一天晚上，我摔下了床。我倒在地上。流了很多血。

那个女人给过我们一家诊所的地址，以防万一出什么问题。

我在深夜被送了过去。

玛丽－克莱尔本来只不过是每年在法国偷偷实施堕胎的 300000 个女性中的 1 个，然而她被人告发了……被强奸她的人告发了。

玛丽－克莱尔、她母亲、母亲的两个女同事以及堕胎师都被提起公诉。

她们的辩护律师是
吉赛尔·阿莉米，
一位女性主义斗士。

我会为你们辩护。
但过程会很艰辛，你们需要
有勇气和决心。

女律师决定让案子发展成
政治案件。

女性主义组织都积极发动起来，
媒体踊跃报道。

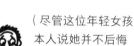

堕胎诉讼	博比尼 11月8日

玛丽-克莱尔的母亲和帮助过她的人正在接受审判

被强暴的	女性	劳动者
流产的	母亲	未成年人
非法堕胎的	女孩	单亲母亲

无不利害相关

谁强暴了我们？　　　　　谁来审判我们？
谁让我们怀孕？　　　　　谁告发了我们？

谁在剥削我们？

老板		道德		
警察	**他们**	法律		**的**
告密者		家庭	**同谋**	
法官	**都是**	资本		

——妇女解放运动（MLF）

玛丽-克莱尔于1972年10月被
博比尼少年法庭宣布无罪释放。

无罪！

法庭认为她是迫于外部条件的限制
而做出了那样的行为。

（尽管这位年轻女孩
本人说她并不后悔
做出这一行为。）

次月，其他四位女性的案件开庭。

两位女同事被当庭释放。
米歇尔·C. 和非法堕胎者被判最
低程度的刑罚，缓期执行。

而达尼埃尔·P., 强奸者，这场事件
的罪魁祸首，从头到尾
都高枕无忧。

围绕着这个案件发起的运动成了法国 1975 年堕胎非罪化的决定性因素。

在比利时，1971 年第一次有人提出同样的法案，但一直等到 1990 年，法案才得以通过，而且是顶着国王的反对通过的。

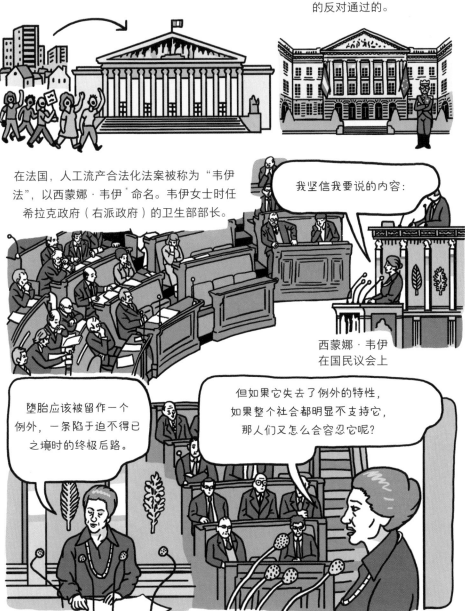

在法国，人工流产合法化法案被称为"韦伊法"，以西蒙娜·韦伊*命名。韦伊女士时任希拉克政府（右派政府）的卫生部部长。

我坚信我要说的内容：

西蒙娜·韦伊
在国民议会上

堕胎应该被留作一个例外，一条陷于迫不得已之境时的终极后路。

但如果它失去了例外的特性，如果整个社会都明显不支持它，那人们又怎么会容忍它呢？

* 西蒙娜·韦伊（Simone Veil，1927—2017），法国杰出的政治家、女权斗士，她是纳粹大屠杀的幸存者，后成为欧洲议会首位女性主席，2008 年当选法兰西学术院院士，去世后葬入先贤祠。

"听听女性的声音。"

说到底，这就是女性主义的根本诉求。

女性当然得发出声音并组织起来。

但更重要的是她们的言论、
经验和知识不被抹杀、
边缘化或轻视。

22

要从女性经验出发……

……才能理解堕胎
这私事……

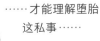

……是**政治**。

但这句口号还暗含着
一个积极的信息：

私人与公共的
边界值得推敲。

这些问题实际上是
集体性的……

没有任何东西
是固定的、
不变的。

……是历史与
社会关系的结果。

男女的社会关系不是对称性的，

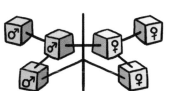

而是<u>等级化</u>的，男性团体从对
女性团体的压迫中获利。

然而这些问题不是
大自然注定的。

这些社会关系也会演进。
我们可以对抗这种形势。

23

比利时堕胎史

1962 年: 第一个家庭计划生育中心
落成（在圣若斯）。

1867 年: 堕胎属于"破坏家庭秩序和
公共道德罪"。

刑法 → 2—5 年
监禁

1971 年: 第一条堕胎非罪化的提案产生

1973 年: 妇科医生威利·皮尔斯因为实施
堕胎手术和为女性争取更好的医疗
照顾而被逮捕和起诉。

→ 一场大型的示威活动最终使
其被释放，并开启了司法上
的论战。

→ 司法休战：停止对堕胎行为提起公诉。

1978 年: 休战终止：继续提起公诉。

1986 年: 一名荷兰语自由党成员和一名
法语社会党成员共同提出一份
共识草案，呼吁允许堕胎。

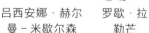

1990 年: 国会投票通过了这项法案，
但国王拒绝签字。

吕西安娜·赫尔
曼－米歇尔森

罗歇·拉
勒芒

幸好，他们想到了解决办法*：

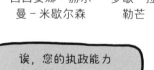

* 形式上，比利时国会通过的法案必须由国家元首审批通过，但当时的比利时国王博杜安一世（Baudouin I）囿
于天主教信仰而不愿亲自签字通过堕胎法案，于是与首相维尔弗里德·马尔滕斯（Wilfried Martens）上演了一
场掩耳盗铃的喜剧：政府剥夺国王职权，首相代他签字；次日，国王恢复职权。

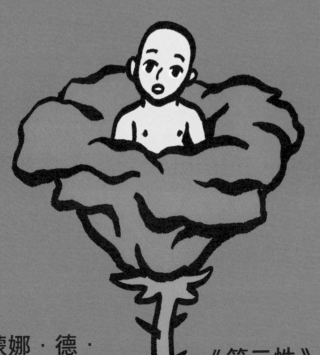

"女人不是天生的，而是后天形成的。"

西蒙娜·德·波伏娃

《第二性》第二卷

西蒙娜·德·波伏娃
（1908—1986）

法国 20 世纪伟大的女作家：

她还是一名坚定的
左派分子，女性主义的
标志性人物。

哲学家

散文家

小说家

回忆录作家

书信作家

LE DEUXIÈME SEXE 是最重要的女性主义思想著作

之一，其影响力不局限在法国，已经被翻译成 33 种语言：

70 多年过去了，它仍然是
一本有争议的书！

然而人们现在普遍认同了一个观点，即每个
性别的角色都受到社会的制约。

西蒙娜·德·波伏娃是第一个
提出这个观点的女性，这在她
那个年代掀起了一场小革命。

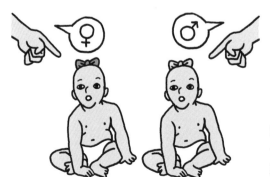

跟其他很多新观点一样，这个观点
一开始并没有得到很好的理解，
更不被接受。

26

梵蒂冈甚至将这本著作
列入禁书名单：

禁止！

· 夏尔·波德莱尔
· 皮埃尔·贝尔
· 西蒙娜·德·波伏娃
· 切萨雷·贝卡里亚
· 杰里米·边沁
......

批判的重点是西蒙娜·德·波伏娃作为
一名女性，居然胆敢
讨论**性欲**！
确切地说，
讨论**女性性欲望**！！！

一名女性！

性欲望！

女性性欲望！！！

从未有如此大部头的专著
谈论过这些问题。

她后来在《事物的力量》一卷中
解释了这本书的缘起：

"我本想谈我自己，却意识到
必须先描述一下女性的状况。

"首先，我研究了男人们
通过宇宙观、宗教、迷信、
意识形态和文学等编织的
种种神话。

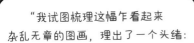

"我试图梳理这幅乍看起来
杂乱无章的图画，理出了一个头绪：

"无论如何，男性都把自己视为主体，
把女人看作客体、他者。

27

这就是女性主义宗旨新的一面：揭示被显而易见的错误覆盖的事实，
阐明在我们看来正常、自然且无可改变的事物背后的机制。

第一卷展示了她所谓的
"女性现状"背后的
"事实"和"神话"。

在第二卷，她介绍了女性所处的
具体状况，触及了她们的教育
（童年教育、青春期教育、性教育）
以及婚姻、生育、社会生活等
多个主题……

最有名，大概也是最不被理解的话莫过于第二卷开头这句：

"女人不是天生的，而是后天形成的。

"任何生理的、心理的、经济的命运都界定不了女人在社会内部具有的形象。

"是整个文明设计出这种介于男性和被去势者之间的、被称为女性的中介产物（……）

"直到 12 岁，小女孩像她的兄弟们一样强壮，表现出同样的智力；没有任何一个方面她不可以和他们一较高下。

"如果在我们看来，她在青春期之前，有时甚至从幼小的时候起，仿佛已经显露出性别特质……

"…… 那也并非神秘的本能直接注定她是被动的、爱撒娇的、富于母性的：

"而是因为他人几乎打从一开始就介入这孩子的生活，从早年起，她的使命就已蛮横地注入她体内。"*

* 这几段译文参考了《第二性 II》郑克鲁译本，上海译文出版社，2011 年。——译者注

对波伏娃来说，
成为一名女性，
要靠自学。

她反对那些将男女社会差异与
生理差异直接挂钩的理论。

在她和其他许多女性主义者
看来，那无异于借一个无所
不能的"自然"为不平等做
辩护。

她的研究步骤是建构主义*的。

男性和女性之间存在着被建构的差别。

大自然不是
冤大头。

[闪回！]

也就是说，是我们基于自己印象中每种性别
呈现出来的方式赋予其性别特色。

我们学习如何做男人和女人。
我们使自己的行为举止符合社会对
自己所属的性别的期待。

玫瑰色。

暴力。

当我们说某件事情是被建构的，
并不是说它不存在。

* 用虚线标注的词汇可参见书末术语表。——原注

围绕着性别认同到底是天生的还是后天养成的这个问题，
在女性主义者内部也存在很多争议。

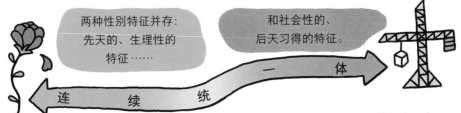

两种性别特征并存：
先天的、生理性的
特征……

和社会性的、
后天习得的特征。

连　续　统　一　体

对某些女性主义者来说，
有一种被历史贬低的
女性属性必须得到正名。

对建构主义者来说，
不存在什么男性或者女性
的本质；身份是在社会
关系中构成的。

基于这一点，
研究者使用的是
一个新词：

genre。

Genre，

即社会性别，本来是
一个心理学概念，
在 20 世纪 70 年代
被女性主义者借用。

女性主义者首先对 sexe（生理性别）和
genre 进行了区分：

SEXE 是自然
层面的，是一
种生物属性。

GENRE 是文
化层面的，是
一种社会属性。

今天，研究者们尝试
着跨过生理性别与社
会性别之间的对抗。

他们甚至指出科学会将偏见投射进现实：

XX → ♀　　XXY　XY

XY → ♂　　XXYY　XXXY

所以说，连"生物性"也带有
社会性的印迹。

* 性染色体不是绝对 XY 二元的，存在某些较为少数的性染色体构成类型，它们往往被认为是不正常的，从科学
上也难以精确地据此鉴定性别。——译者注

例如在社会学中，人们研究性别的社会化，即性别是以何种方式在学校、家庭等机构和媒体中被传播和习得的。

性别的社会化，也就是每个人从出生开始就根据他 / 她的性别学习说话、站立、举止、行动、思考等的过程。

我们学会了相应的做法、姿态、反应，然后它们看起来就是"自然的"了，我们也就都习以为常了。

性别的社会化应该跟其他社会关系联系起来看：
年龄、阶层、（社会意义上的）族群等……

鱼对男性来说是
不太适宜的食物。

这种精致的
食物需要轻巧、
克制地进食。

"全部的男性身份
都在这两种饮食方式
中体现无遗：

嗯……

吭唔哧

"切成小块送到嘴边，
小口小口地吃，是符合
女性形象的……

"或者塞满整张嘴，
大口大口地吃，这样更
符合男性特质。

"男性就应当吃得
更多、喝得更多，
且他们吃的食物应该
更结实，一如他们
的形象。"

1979 年，皮埃尔·布尔迪厄谈论
阶层角色和性别归属在……饮食
方式上的体现。

学习如何做男孩或女孩的方式多种多样，而且这个学业并不止于
童年时期——性别的边界在人的一生中都会被一再确定。

从 1990 年至今的女性主义者群英榜

盖尔·卢宾（1949— ）美国

法蒂玛·梅尔尼斯（1940—2015）摩洛哥

阿西娅·杰巴尔（1936—2015）阿尔及利亚

纳瓦勒·萨达维（1931—2021）埃及

阿曼达·拉巴尔卡（1886—1975）智利

法朵·苏（1941— ）塞内加尔

蕾莉亚·冈萨雷斯（1935—1994）巴西

奇玛曼达·恩戈兹·阿迪契（1977— ）尼日利亚

弗吉尼亚·伍尔芙（1882—1941）英国

亚历山德拉·柯伦泰（1872—1952）俄罗斯

高群逸枝（1894—1964）日本

戈利娅达·萨皮恩扎（1924—1996）意大利

马拉拉·优素福扎伊（1997— ）巴基斯坦

佳亚特里·斯皮瓦克（1942— ）印度

郭建梅（1961— ）中国

"白人女性听着！"

本章节涉及种族暴力。

在 20 世纪的美国，只有白人男性有投票权。

政治家、废奴运动领袖弗雷德里克·道格拉斯认为黑人的投票权应该拥有优先权：

"当女人，仅仅因为她们是女人，被人从自家房子里拖出来；当她们被吊死在灯柱上；当她们怀中的孩子被抢走并被人摔在人行道上，脑浆迸裂；当她们在每一个街角被欺负、侮辱；当她们的房子随时可能着火、坍塌；当她们的孩子不被允许上学，那时候才丞需赋予她们投票权。"

引自弗雷德里克·道格拉斯 1869 年 5 月 12、13 日在纽约发表的演讲《我们欢迎第 15 修正案》（"We Welcome the Fifteenth Amendment"）。*

在这段引言中，"女性"实际上暗指的是"白人女性"。
然而，这些事情显然都曾经发生在黑人女性和黑人小孩身上。

Ain't I a woman?
难道我不是女人吗？

——索杰纳·特鲁斯喊道。她是 19 世纪的另一名废奴主义者。

* 事实上，道格拉斯是著名的女性主义运动支持者和活动家，他只是在特定历史背景下认为黑人获得投票权更加迫在眉睫。

20 世纪 60—70 年代的女性主义者
触及了许多全新的话题。

在西方世界，这场运动似乎是
专为某一类特定的女性考虑的：

其他的仍陷
于沉默之中

无法被归入上面这些类别的女性，特别是非白人女性，被无视了。

女性主义抗争

为了白人女性而抗争

种族歧视抗争

为了黑人男性而抗争

这就是黑人女性主义的出发点。

贝尔·胡克斯

由非洲裔美国女性为自己的群体
创建的女性主义激发了
很多非白人女性主义
者的热情。

女性主义者黑兹尔·卡比（牙买加裔英国人）在杂文《白人女性听着》的结论部分对白人女性主义者发出了这样的质问：

"你们在说'我们'的时候，到底是在说谁？"

用法国哲学家艾尔莎·道林的话说，就是：

"这场运动中的'我们女人'是谁？是白人吗？她们难道没有意识到自己的白人身份吗？"

黑人和其他非白人女性主义者指出了她们所遭受的性别歧视的特殊性。

她们率先强调不同的压迫关系之间存在着交叉部分。

1814 年的一幅关于"霍屯督维纳斯"萨拉·巴特曼的种族歧视漫画。

社会性别　族群　性别特征　社会阶层　身体残疾　年龄

这里的"族群"是社会类别而非生理类别上的用语。

为了更好地描绘这一复杂的关系，理论家金伯莉·克伦肖提出了一个概念：

交叉性（Intersectionality）。

前面我已经提到过堕胎的诉求。

这在美国也是一场重要的运动。

与此同时，非洲裔美国女性却在争取另一种形式的生育权：

跟其他女性一样拥有做母亲的权利。

在奴隶制被废除之前，黑人女性要么不准生育，要么纯粹为了制造劳动力而生育（当然是免费的）。

女性随时都有可能被迫与孩子分别。

阿娜查、贝特西、露西。

这是三个女奴隶的名字。19 世纪，詹姆斯·马里恩·西姆斯医生为了改良他的妇产科技术，在这三名女黑奴身上做实验。

这三位女性被视为私人财产。实验不需要征求她们本人的同意。她们由于在分娩时受了伤，需要被他"修复"好才能够继续服务。

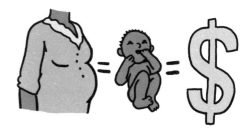

西姆斯在她们身上实施了极其痛苦
的手术，而且没有进行麻醉。

奴隶主们认为黑人
感受不到痛苦。

西姆斯，
号称"现代
妇产科之父"。

借用
罗伯特·汤姆
的一幅插画

这个年代创造了很多关于黑人女性的、
绵延至今的刻板印象……

……其中包括没有女人味的黑人女
性配角，即典型的母权制度的产物。

《阿莫斯和安迪》中的萨菲尔

《乱世佳人》中的哈
蒂·麦克丹尼尔

这些刻板印象给她们扣上了易怒的帽子，
于是人们便可以诋毁她们的诉求；
将她们刻画成无所不能的形象，
由此否认了她们被压迫的事实。

我谈美国谈得有点多，这是因为"黑人女性主义"就发源于那里。

但不要以为这个问题就跟欧洲没关系了！

贝尔·胡克斯

帕特里夏·希尔·柯林斯

安吉拉·戴维斯

诚然，欧洲本土上没有实行过奴隶制，但有很多奉行殖民主义和拥护奴隶制度的国家。

（《丁丁在刚果》，1931 年）

这一点必然在很大程度上催生出一个想象中的有种族、有性别的欧洲：艾尔莎·道林指出，自法国掺和进奴隶制的那一刻起，便诞生了一个新概念，即一个母性的、健康的、白种的"母国"……

……与之相对的是白人眼中非洲奴隶身上的"退化的"女性特质。

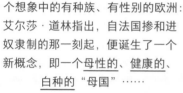

DAUMIER 1848

"桑乔"牌　自行车**

(1910)

如今，非白人女性主义女性尝试构建一种反种族歧视的女性主义来因应她们的诉求。

穆斯林女性主义者宣扬的是以阅读《古兰经》为基础的自由。

她们质疑普遍的理论和价值观，并且在她们看来，这种普遍女性主义实际上就是欧洲中心论的产物。

在欧洲出生、接受过非洲文化教育的新一代非洲裔女性主义者拒绝接受欧洲人的"黑人女性主义"。

阿曼蒂娜·盖伊

罗哈亚·迪亚洛

* 奥诺雷·杜米埃 1848 年的雕塑作品《共和国》，现存于奥赛博物馆。
** 这款自行车的原名 Sanchoc 与 sans choc（没有震动）音、形相似，广告中利用殖民地黑人形象主推减震这一卖点

2010 年代，黑人女性主义在美国当代文化中的表现非常抢眼。

很多女歌手喊出了
她们的诉求：

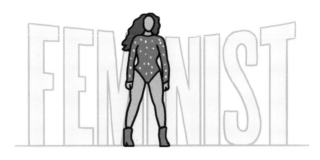

碧昂丝在歌曲《完美无瑕》中让大家听到了伟大的小说家、散文家
奇玛曼达·恩戈兹·阿迪契的声音。后者穿梭于尼日利亚和美国之间。

"我们教女孩子自我
收缩，变得渺小。
我们对女孩子说：
'你应该有抱负，
但不要太有抱负，
你应该追求成功，
但不要太成功，
否则你会威胁到
男人。'"

"女性主义者：相信不同性别的人应该享有
社会平等、政治平等、经济平等的人。"

墨西哥、肯尼亚女演员露皮塔·尼永奥因为在电影
《为奴十二年》里的角色一举成名，并获得了一座奥斯卡奖杯。

她选择利用自己的知名度去唤起
她称之为"黑色美"的风潮。

她坚持黑人小女孩拥有跟她们相似的
美人玩偶是一件很重要的事。

"我还记得，以前
我也不觉得
自己好看。
我打开电视，
看见的都是
白皮肤。"

克拉克娃娃
试验

哪个是"漂亮玩偶"？

2015 年，维奥拉·戴维斯成为第一个获得
艾美奖的非洲裔美国女演员。

how to get
away with
Murder
《逍遥法外》

她出演该系列剧中的
女主角，女律师
安娜丽丝·基汀。

"谢谢几位（男女）编剧……
他们重新定义了何为美丽，
何为性感，何为大女主，
何为黑人。"

“我们的欲望带来混乱。”

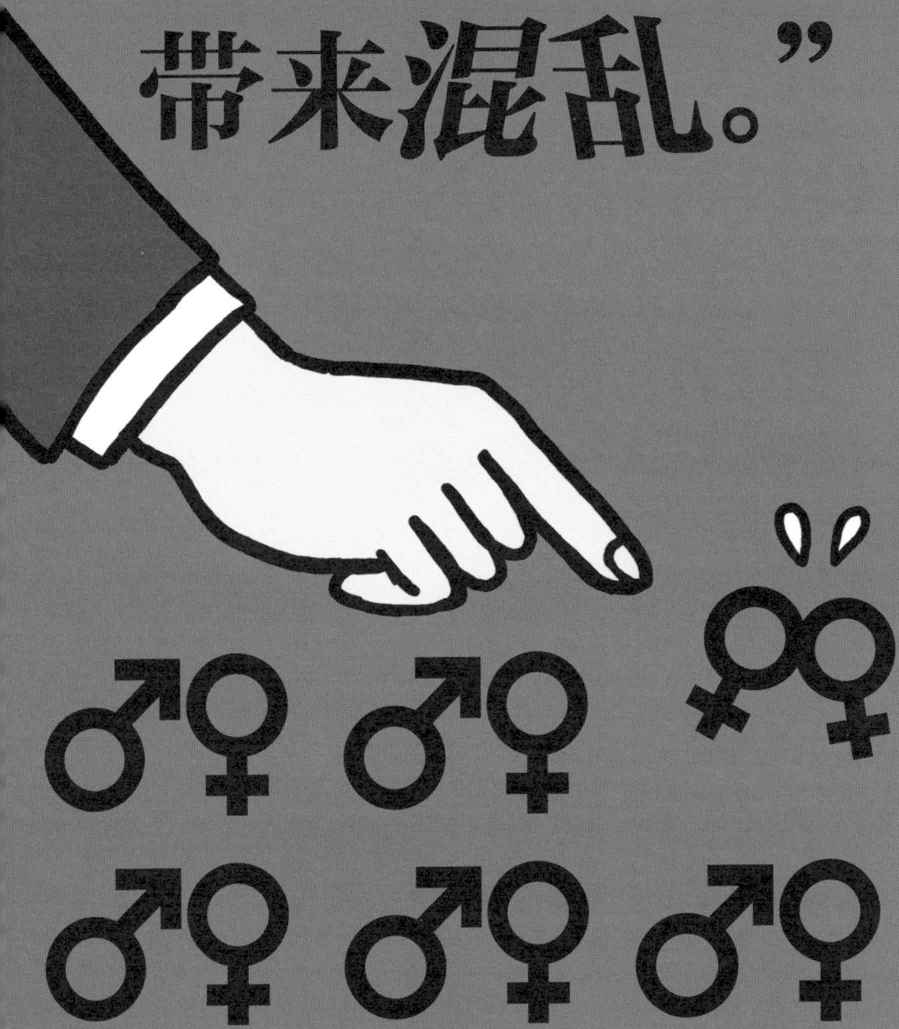

20 世纪 70 年代的口号常常以
创新性著称：

没有人是完美的。

变成了

Nos bodies* are perfect!
（我们的身体是完美的！）

我最爱
的口号
之一！

（《热情似火》，1959 年）

您的愿望就是命令！

变成了

我们的欲望带来混乱！

以往顺从的人转而宣告欲望，
而且这一次宣告的是性的欲望。

在女性主义第二次浪潮来临之前，
女性的性欲并不是政治诉求的目标之一。
恰恰相反，性欲被局限于道德和医学的层面。

女性的"正常"
欲望就是生孩子！

有超出这个范围的性欲的就是妓女，
是"作风不正的女子"……

妓院　　疯人院

女巫

妓女

魔鬼

歇斯底里

……或是（从 19 世纪开始）
精神病医生口中的某种病人。

*"nos（西班牙语，'我们的'）bodies"与"nobody's"同音。下文的两句口号也发音相近。

近些年有两部电影呈现了女性性欲被当成精神病治疗的故事。

在《歇斯底里》一片中，一位年轻的精神病专家受托治疗患有"歇斯底里症"的女性。

歇斯底里：源自希腊词语 hustéra → 子宫（uterus）。

人们认为歇斯底里是一种与子宫有关的疾病，其病因是缺乏性生活。

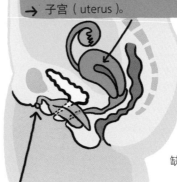

在电影里，病人们通过刺激阴蒂来缓解病症。

真是个力气活！

因此，年轻医生发明了第一个震动按摩器。

嗡嗞嗞

从此告别手痉挛。

咻咻

2011 年上映的《危险方法》讲述了下面三个人之间的关系：

弗洛伊德

荣格
前者的学生和未来的敌人

萨宾娜·斯皮勒林
荣格的病人

萨宾娜患有歇斯底里症，并被发现是性瘾患者。

荣格，打我屁股。

可我是你的精神病医生啊。

好吧，但这可不符合伦理。

这部电影把重点放在精神分析法对性欲的处理上。

弗洛伊德 —— 很晚才开始研究女性性欲 —— 认为……

……人，不论是男性还是女性，身上只存在雄性的性本能"力比多"。

女性的性器官代表一种缺失，一种不足。

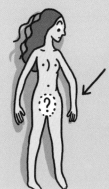

她们会受"阴茎嫉妒"和强烈的自卑情结驱动。

弗洛伊德猜测那些不满足于母亲或者妻子的角色的女性……

……是想要弥补没有阴茎的先天缺失。

不出意料，女性主义者对精神分析学的态度往往是怀疑甚至敌对的。

阴茎！阴茎！阴茎！阴茎！阴茎！

不成熟的性征。

有时候，一支雪茄就是一支雪茄而已。

＊ 书脊上文字：弗洛伊德。

这位废奴主义的代表人物，极力反对《传染病法案》，该法案赋予警察在妓女身上强制进行生殖器官检查的权利。

这段时期就是：

在女性多年呼喊性欲而被人无视之后，她们的欲望本身就是革命性的。

性欲是女性主义第二波运动以来的核心议题之一。如果我们联想到从 19 世纪开始就占主导地位的针对女性主义者的刻板印象，就会觉得这一点很讽刺。

哈哈，她们参政不过是因为长得丑！

而且她们没有丈夫！哈哈！

等等……这么多老姑娘在一起……她们不会是**女同性恋**吧？

（才不是！）

事实上，女性主义和女同性恋之间的关系是近年来女性主义运动史中的核心问题。

女同性恋者被双重边缘化。

社会性别

性取向

异性恋占据了社会制度的主导性地位。

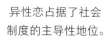

对莫妮克·维蒂格来说，异性恋并不比其他性取向更自然。

女性因为她与男性之间的关系（异性恋关系）而被人定义。

女同性恋是某种程度上的法外之徒，游走于异性恋的社会结构之外。

万岁！

"女同性恋者不是女人。"

莫妮克·维蒂格

这句话就是说她们不符合异性恋的标准。

莫妮克·维蒂格直接启发出了"酷儿理论"。

这种理论批判和解构了社会性别与标准化性征的精神统治。

英语中的"酷儿"（queer）的意思是怪异的、不正常的，

也是对男同性恋者的侮辱性词语。

酷儿！

这个蔑称在 20 世纪 90 年代被借用，其含义也被扭转。

我们在这儿，我们是酷儿，你们忍着呗！

社会性别和性取向并不是二元对立的……

男人　异性恋

女人　同性恋

……而是性别和性取向认同的连续体。

"我们需要标准来让世界运行，但是我们可以寻找更加适合我们的标准。"

朱迪斯·巴特勒

酷儿　女性　非二元的　同性恋　男性　双性恋　泛性恋　无性恋　异性恋

51

有一个一直存在的问题，那就是女性之间的性欲被无视。

女同性恋的现实状况在媒体中很少出现，给男性幻想留下了很大的空间。

主流的色情片也是这种处境的投射，而色情片本身又加剧了这种处境。

看不见的女同性恋

女同性恋

XXX

火辣火辣

先来 10 分钟的女女场景，然后男主进场，你们就一起扑向他。

好的。

这种异性恋男性自顾自的视角有个称号：

"Male Gaze"

"男性凝视"。

在英语中写作 male gaze，指男性长时间目不转睛地看。

该术语由劳拉·穆尔维首次提出。

她是女性主义电影理论家。

在视觉艺术领域，这是个非常普遍的现象……

即一切皆从男性主角（或者男性观众）的视角出发。

于是女性角色处于双倍被动的地位，对男主角和男观众来说都是一个色情对象。

例如，影片《阿黛尔的生活》的导演阿布戴·柯西胥就被人指责采用了男性化的视角。

至少原著漫画《蓝色是最温暖的颜色》的作者朱莉·马洛对此很不满：

"在我看来，影片中唯独缺少一样东西：女同性恋。"

漫画和电影讲的都是一个少女爱上了一个蓝头发女孩的故事。

女同性恋和双性恋至少要面对双重的统治关系。

因此，她们在街头有可能遭遇两种类型合而为一的特殊骚扰。

你们是女同性恋？

互相舔屁股的人。

你们让我兴奋。

你们真恶心。

我的那个很大，够你们俩用。

再让我见到，我就杀了你们。

社会性别 ♂ > ♀

性取向 ♂♀ > ♀♀

来源：lesbeton.tumblr.com

然而"我们的欲望带来混乱"也是一种欢快的、创新的、挑衅的论断。

"我们的性欲存在，你们最好认下这个事实。"

去你的♥

想象一下"肥佬同志俱乐部"的视频配上莉莉·艾伦的《去你的》的歌词。

我们的性别带来混乱：

性取向

性别认同

LGBTQI:
L: 女同性恋
G: 男同性恋
B: 双性恋
T: 跨性别者
Q: 酷儿
I: 间性者

认同自己出生时即被赋予的社会性别的人被称为"顺性别者"。

认同另一种社会性别，或者不认同任何性别的人被称为"跨性别者"。

还有一种特殊的女性主义叫跨性别女性主义，该主义着重关注社会性别认同的问题。

小山惠美   拉弗恩·考克斯

但不是所有的女性主义者都能接受跨性别。

然而，跨性别女性主义者提请注意的正是：性别并非身份的全部……

某些激进的女性主义者（这也算是女性主义的一个流派）不许跨性别者出现在女性主义者聚集的场合。

……人类不应该被其生物学的属性界定。

"女性主义
从没杀死
任何人，
但大男子主义
每天都在
杀人。"

[伯努瓦特·格鲁]

 本章节谈及针对女性的多种形式的暴力，其中包括性暴力。

1989 年，一个 25 岁的加拿大青年马克·莱皮纳闯入蒙特利尔综合理工学校的一间教室。

他让大学生们按男女分开站，然后对女性那一组宣称他要"向女性主义开战"。

手持武器。

在他看来，这些即将成为工程师的女生都是女性主义者。

他恨她们。
他朝她们开枪。

14 名女性被杀害。

10 名女性和 4 名男性受伤。

02/08/2013

来自华雷斯城的 1800 多名女孩失踪。

05/05/2014

"博科圣地"组织承认绑架了 200 多名女中学生。

201/05/2016

西伦敦发生持刀暴行，4 名女性被捅伤。

这些故事之间的关联是什么？
它们都是针对女性所犯的暴力罪行……
只因为她们是女性。

伯努瓦特 · 格鲁

记者
作家
女性主义者

1975 年出版《**她的本性**》
一部影响很大的女性主义随笔集。

评论家批评女性主义者的
诸般不是，尤其是：

厌恶男人！

她在一次访谈中对此回应道：

"女性主义从没杀死
任何人，但大男子主义
每天都在杀人。"

伯努瓦特 · 格鲁让人们注意到针对女性的
仇恨是真实的、有组织的、致命的。

在"针对女性的暴力"这个说法之下还可以分出以下几类暴力：

肢体暴力　性暴力　心理暴力　情感暴力　经济暴力

由男性施加在女性身上。

这些暴力可能殃及各个年龄段的女性。

男性之间的暴力主要发生在
公共空间……

……而男性针对女性的暴力 ——
可能是多种形式的暴力 ——
主要发生在私人空间。

女性主义者发明了诸多工具和策略来应对针对女性的暴力事件。

今天，有专门接待
遭受家庭暴力的
女性的避难所……

专门的热线电话……
（参见尾注）

女子防身术
培训……

在实地的斗争行为之外，女性主义者还成功促成了法律的改善。

1992 年在法国，1997 年在比利时，家庭暴力与其他暴力区分开来。

如果暴力是由丈夫或伴侣实施的，
则成为罪行加重的情节。

在法国

1980 年：将一切未经自愿许可实施的性行为
定义为强奸。

…… ＝ 不

1992 年：法律承认了婚内（伴侣间）强奸罪，
但还存在默示推定的条款。

2010 年，该条款被撤销。

 ≠ 可以

联合国统计的针对妇女的暴力事件的相关数据：

70%

的女性

在一生中遭受过
暴力。

在全世界范围内，

每 **5** 个女性中有 **1** 个会

成为强奸或者强奸未遂的
受害者。

有 **250 000**

至 **500 000**

名妇女和女童在 1994 年的
卢旺达种族大屠杀中
被强奸。

60 000

名妇女和女童在
塞拉利昂内战中被强奸。

在波黑战争中，

有 **20 000**

至 **50 000**

名妇女和女童在**波斯尼亚**
和黑塞哥维那（波黑）
战争中被强奸。

1996 年以来，
刚果民主共和国有超过

200 000

名妇女和女童被强奸。

"武装冲突中的性暴力
应当被视为战争罪行，
而不应该被看作战争
引发的连带伤害。"

——扎伊娜卜·哈瓦·班古拉在联合国的发言

70%

的全球

被贩卖人口
是妇女和女童。

每年有 **1 亿 3300 万**女童

遭受女性割礼。

在法国，每年有

83 000 名

女性是强奸或
强奸未遂的受害者。

引自男女平等高级理事会的数据。

16% 5%

的女性 的男性

宣称一生中遭受过强奸
或强奸未遂。

每 **10** 名

20 岁以下的女性中有 **1**

名宣称遭受过性骚扰。

80%

的受害人认识
袭击者。

女性成为性暴力
受害者的概率是
男性的 3 倍

在比利时：

2012 年，
每天有 **8**
起强奸投诉。

数据来自非政府组织。

强奸事件的真实数据很难收集，
因为大部分受害者不愿意起诉。

根据 CFCV 的数据 ⟶ **10**
（CFCV: 女性反强奸团体）

个受害者中只有
个会起诉。

当伯努瓦特·格鲁说出"大男子主义每天
都在杀人"时，她不是在用隐喻手法，
更不是在夸大其词。

2014 年，在法国，
每 2.7 天就有一位女性
被其配偶杀死。

165 名家庭暴力受害者中，
有 134 名是女性。

Féminicide（杀害女性）:
因为成年妇女或女孩是女性
就将其杀害的犯罪行为。

人们也称之为
"（社会）性别暴力"。

16 个拉丁美洲国家将杀害女性
定为一种特别的罪行。

但在法国和比利时都还不是。

尽管女性机构一直在强烈要求
将其视为罪行加重的情节。

相当多的女性主义者揭露了媒体对女性被其配偶杀害事件的报道方式。

"马塞尔老爹"
（Papy Marcel）
90 岁被判<u>激情犯罪</u>。

"我很爱她，
妮可，只是
她的骨头太
脆了。"

梅斯市分手
悲剧

一个警察杀死妻子后自杀。

家庭惨剧：佩里格镇情侣案
两位死者留下一个两岁半的小孩。

"一名妇女先被
冷兵器杀死，
后凶手用热兵器
自杀。"

家庭惨剧

激情犯罪

分别引自《观点报》《蓝色法国报》《西南大区报》。

62

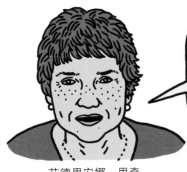

"有一种美化异性恋关系的理想化意象是，让男性施加在女性身上的暴力呈现出某种色情或者浪漫的意味。"

艾德里安娜·里奇

我合让你在楼梯那儿好受的，你等着吧。

哦，不要！哦，不要！哦，好的！

这种意象导致两性间的暴力被低估并淡化成一男一女的"激情"关系中的一个寻常因素。

我合用这双手，像夹核桃一样把你的脑袋夹碎，好把他完全挤出去。

《乱世佳人》，1939 年。

手拿开，别烦我。

他这么爱她，受尽折磨，这个可怜的人。

我爱死你了。

我也爱你，但我不想死，拜托了。

女性主义者指出针对女性的暴力既不是宿命，也不是孤立事件的集合，而是一个世界性的、经常性的现象，旨在让女性"安分守己"。

保莉·莫瑞（1910—1985）

美国民权活动和女性主义先驱之一。
这位黑人女性、女同性恋者，在回忆录中
有时称自己为"被困在女人躯壳里的男人"。
她在两个活动领域里都发挥了巨大作用，
也是第一批为了让美国从法律上承认性别
歧视的存在而奔走申辩的人之一。

最后还有非常重要的一点：
她在生命的最后时光里成为圣公会教堂的
女教士，圣公会于 2012 年将她
晋升为圣女……

女权和民权。

吉赛尔·阿莉米（1927—2020）

法国、突尼斯双国籍女律师，
女性主义和反殖民主义斗士，
政治家。

1971 年，她签署了著名的
《343 宣言》——数百名女性
承认曾经堕胎，并呼吁
实现避孕和堕胎合法化。

在博比尼案（第二章）中，
她担任玛丽－克莱尔和
其母亲的辩护律师。

在本书的末章，我们让年轻的女性主义者们发发言，让她们来说说下面这句口号，以及广义上的女性主义在她们看来究竟意味着什么。

"不用解放我，
我自己来！"

不管是过去还是现在，我都不需要别人来解放我。我不需要任何人。下意识的反应，本能的反叛。我从没有因为自己是女性而觉得痛苦。相反，女性身份赋予我一些力量。"我可以自己搞定。"这就是我长久以来的想法。

安娜-克莱尔

以前，我对女性主义不怎么感兴趣。在我的印象中这件事跟我没什么关系，因为我是个来自马格里布（非洲西北部地区）的女人。

伊奈斯

长时间以来，我以为女性主义的盟友——所有那些没有直接遭受性别歧视的人会帮助我们，而且解放都是一样的，不论那解放来自哪里，自由便是自由嘛。后来我意识到这是不可能的。所谓自由，不应该是好心人将你的锁链解开，换来你的感激。由别人取下的锁链，还可以由别人再给你系上。

谢媛，28岁

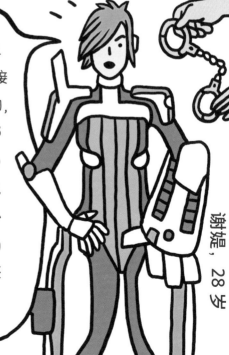

66

我意识到了明目张胆的、赤裸裸的不平等，这是通过我的女性朋友和媒体的报道一点点积累起来的。我突然明白这不是我这个个体的事，而是涉及身为女性的我以及我所在的女性群体的事。首先要意识苏醒，然后要采取措施，付诸行动，才能改变现状。

安娜－克莱尔

这个口号，就是让人们重新行动起来。

朱丽叶

玛丽，25 岁

这句话的主要意思是女性权利的抗争首先是女性自己的事。我们就像一个少数派，承受着暴力、排挤、歧视和不稳定性，通过女性主义运动，我们争取获得独立和自主。

我们不希望作为社会统治阶层的男性来搅和本属于我们的权利，然后赏给我们权利的残屑。

当你自称为女性主义者时，你很快就会发现眼前冒出一帮男人，说他们当然支持平等，但是我们应该改一改"女性主义"这个称呼；要多点幽默感；要少点攻击性；不要搞错战场。总而言之，这些男人的意思是他们非常愿意帮助我们，让我们跟他们平起平坐，条件是一切按照他们的方式来。

朱丽叶，31 岁

范尼娜，29 岁

这句话很明显是说给男人听的，或者是说给那些没有或较少被压迫的人听的。因为这句话对女性同伴来说是不成立的。我要自我解放，但是没有其他女性的帮助，我一个人是做不到的。

为此，我需要其他人，政治家和公民，男人和女人，每个人在他们的位置上采取具体的行动，这样才能消除不平等。

呼吁这样的行动是一点也不可耻或可悲的。这是互相帮助，与性别无关。他们也会需要我。服务他人，互相扶持，来对抗世间所有的不平等……所有人都需要自我解放。

安娜-克莱尔，28岁

个人的解放只能从内在开始。换句话说，如果说在我自己的日常生活中有什么跟女性主义相关的"工作"的话，那就是感觉、表明自己跟其他人平等，并且坚信这一点。

没人可以替我做这个工作。

我没法改变其他人看这个世界的方法，但是我可以改变自己在这样的世界中看自己的方法。

对我来说，女性主义应该是一场女性的集体行动，不应该交给扮演白马王子或者拯救者角色的男性——

倒是他们，应该把角色让给我们，自己去反思一下自己作为统治者的地位，想想如何摆脱雄性的傲慢和暴力，不必总想着不计一切代价来帮助女性。

几年前，我注册了一个推特账户。我在那上面发现好几个女性主义流派将不同的压迫和经历混为一谈，例如非殖民主义的女性主义、包罗式的女性主义。我感受到了某种混合了性别主义和种族主义的特殊歧视。

马格里布裔女性的话语在大众媒体中往往是听不到的。人们经常谈论我们，把我们描述成受害者或者顺从者的形象，说必须解放我们。好的，但是，我们是真实存在的呀，我们有很多话要说，而且我们打算在我们创立的运动中自己解放自己。

伊奈斯，27 岁

尾注

第一章

本章第一幅画借鉴了一幅展现奥兰普·德古热被执行死刑的版画，以及一幅呈现路易十六在大革命广场 —— 现在被称为协和广场 —— 被行刑场面的版画。

在某些国家，女性的投票权只属于某些年龄阶层（在英国是 30 岁以上）的女性，或者仅限于某一范围内的投票（比利时女性只有市镇投票权，没有全国范围的投票权）。在殖民地国家，投票权只属于女性殖民者，例如在澳大利亚，白人女性 1902 年获得了投票权，而当地的原住民女性直到 1962 年才获得投票权。

第四章

萨拉·巴特曼（本名萨琦），1789 年出生于南非。她在欧洲被人四处贩卖并展览 —— 作为奴隶，也作为情趣物品。她不仅是一名黑人、女奴，而且臀部过肥、外阴过长，也就是说她的屁股和胯部尺寸偏大，性器官凸出。甚至在她死后，身体仍被拿出来继续展览。她的尸体被乔治·居维叶拿来研究，他想从中找到证据来支持他的性歧视理论。她的骨骼和身体铸模被放在人类博物馆展出（1937—1974）。直到 2002 年，法国才最终让步，将萨拉·巴特曼的遗体交还南非，让她得以体面下葬。

"桑乔自行车"的广告可以在某些网站上看到，我们还可以找到关于黑人女性和男性的图片和刻板印象的编目、注解，特别是对"人类动物园"现象的讲解。

第五章

本章中只简短地引用了朱莉·马洛关于《蓝色是最温暖的颜色》电影翻拍版的评论，全文可参见她的个人博客（www.juliemaroh.com）。她在 2013 年 5 月 27 日更新的文章中就这一话题做了详尽的阐释。

第六章

lesmotstuent.tumblr.com 网站汇集了许多关于家庭暴力以及杀害女性的、标题淡化罪行的新闻报道。如果您认为自己是这类暴力的受害者，或者您认识受殃及的人士，这里有经过专门训练的人士倾听你们的诉说并给你们提建议，一切都是匿名的：

法国	比利时
女性暴力信息	**家庭暴力热线**
3919	080030030
www.sosfemmes.com	www.ecouteviolenceconjugale.be
SOS 女性遭强奸案信息	**强奸 SOS**
女性反强奸团体	025343636
0800059595	www.sosviol.be

第七章

谢媞被选中扮演游戏《幽闭圣地 2》中的角色斯凯。

术语表

建构主义

一种关于个体感知现实和建立认知的方法的理论。建构主义者认为男女之间的社会差异（行为、说话和穿着方式……）并不是出生时就注定的，而是由各个社会构建起来的。这个观点可以解释为什么不同社会、不同年代的性别特征各不相同。

社会性别

本来是一个从心理学中发展而出的概念，继而以不同的方式应用于多种人文科学和社会科学（社会学、历史学……）。在这些学科中，这个概念都意味着某一套体系将社会分成两个不平等的类别，即男性和女性。这个概念可以帮助人们通过研究（在教育、家庭、媒体、政治等方面的）具体的表现来更好地理解男性对女性的统治。

交叉性

这个概念是金伯莉·克伦肖发明的，而她又是受到了"黑人女性主义"的启发。该概念充分考虑到一个人身份的多面性和复杂性。例如，一名黑人女性的遭遇处于种族歧视和性别歧视的交叉领域，我们就不能将这两个领域切割开来。一名黑人女性遭受的性别歧视跟一名白人女性遭受的性别歧视不可等量齐观。

针对女性的暴力

这个说法涵盖了女性可能受到的肢体暴力、心理暴力、经济暴力……它并不从个体角度去考量每个暴力事件，而是揭露这些暴力事件背后的共同机制，即女性在社会中处于弱势地位。在拉丁美洲，"杀害女性"特指与社会性别有关的罪行——男性专门选择女性下手，只因为她们是女性。

拓展阅读

安娜－夏洛特·于松推荐的三本书

《致命美丽》（*Beauté fatale*），莫娜·肖莱著，《地带》丛书，发现出版社，2012年。在这本通俗易懂、文笔精彩的随笔集中，记者莫娜·肖莱谈论了时尚业和美容业推广普及的女性特征标准，以及这些标准对女性产生的影响。她依托流行文化（连续剧、电影、电视、"女性"报刊、文学……）来展示女性标准在我们日常生活中占据的位置。整本书就是主流女性主义议题的入门读物。

《金刚理论》（*King Kong Théorie*），维吉妮·德庞特著，口袋书出版社，2007年。《金刚理论》是一部重拳出击的作品，它的开头是这样的："丑女人、老女人、女汉子、性冷淡女人、没人要的女人、没法要的女人、

疯女人、蠢女人，所有被好女人大卖场排除在外的女人——我是作为这样的女人、为这样的女人写作的。"维吉妮·德庞特通过她的个人体验，谈论了强奸、色情，以及女性在今天到底意味着什么。读完这本不可不读的书，没有人能无动于衷。

《我不是女人吗？黑人女性和女性主义》（*Ne suis-je pas une femme? Femmes noires et féminisme*），贝尔·胡克斯著，由奥尔嘉·波多从英语翻译成法语，《女巫》系列，康布拉基斯出版社，2015年。这本书是美国黑人女性主义的核心作品。贝尔·胡克斯在书中审视了美国黑人女性过去曾经、现在仍然是如何被白人男性、黑人男性以及白人女性同时压迫的。她批判了主流白人女性主义底层的种族主义，揭露了性别歧视和种族主义之间的关联。

托马·马修推荐的三本书

《奥兰普·德古热》(*Olympe de Gouges*)，卡泰尔编，何塞-路易·博凯绘，《写作》系列，喀斯特曼出版社，2012 年。这部漫画版的人物传记可以让我们了解这位伟大的女性主义者，并从一个全新的角度重新了解法国大革命。两位作者还出版了其他多部关于女性生平的漫画，或多或少都与女性主义有关，故事一个比一个精彩。

《选择》(*Le Choix*)，德茜蕾·弗拉皮尔编，阿兰·弗拉皮尔绘，燃烧的城市出版社，2015 年。关于法国堕胎合法化的故事，书中既有政治视角，又有个人视角，因为编剧讲述了她的私人经历。我们可以见识地下堕胎、司法斗争……以及尽管这么多年过去了，仍然对德茜蕾的抗争结果提出质疑的人。

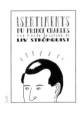

《查尔斯王子的感情》(*Les sentiments du Prince Charles*)，利芙·斯托姆奎斯特著，《黑色猴子》系列，拉克姆出版社，2012 年。本书对异性恋及其在媒体、历史和名人故事中的呈现做了女性主义的解读，充满幽默感。比方说，我们从中了解到爱因斯坦和马克思跟女性相处时并不是很细心，借此便可以轻松地思考夫妻之间的界限、习以为常之事以及过界之处。这位瑞典漫画家的另一部作品《世界的源头》通过神话、趣闻、名人逸事（例如西格蒙德·弗洛伊德和他的朋友费里斯竟想给一位女士做鼻部手术，以此治疗痛经）谈论所谓的"女性器官"。

**AMBASSADE
DE FRANCE
EN CHINE**

Liberté
Égalité
Fraternité

Ouvrage publié dans le cadre du Programme d'Aide à la Publication
Fu Lei de l'Ambassade de France en Chine
由法国驻华大使馆的傅雷出版资助计划资助出版

图书在版编目（CIP）数据

女性主义 / (法) 安妮 - 夏洛特·于松编 ; (比) 托
马·马修绘 ; 陈潇译 . -- 北京 : 九州出版社 , 2023.8
（图文小百科）

ISBN 978-7-5225-1814-5

Ⅰ . ①女 … Ⅱ . ①安 … ②托 … ③陈 … Ⅲ . ①妇女学
—普及读物 Ⅳ . ① C913.68-49

中国国家版本馆 CIP 数据核字 (2023) 第 080213 号

La petite Bédéthèque des Savoirs 11 - Le Féminisme. En 7 slogans et citations.
© ÉDITIONS DU LOMBARD (DARGAUD-LOMBARD S.A.) 2016, by Thomas Mathieu,
Anne-Charlotte Husson
www.lelombard.com
All rights reserved

本作品简体中文版由 欧漫达高文化传媒（上海）有限公司 DARGAUD GROUPE (SHANGHAI) CO., LTD. 授权出版
著作权合同登记号：01-2023-5333

女性主义

作　　者	［法］安妮–夏洛特·于松　编　［比］托马·马修　绘　陈　潇　译
责任编辑	周　春
封面设计	墨白空间·曾艺豪
出版发行	九州出版社
地　　址	北京市西城区阜外大街甲 35 号（100037）
发行电话	（010）68992190/3/5/6
网　　址	www.jiuzhoupress.com
印　　刷	河北中科印刷科技发展有限公司
开　　本	880 毫米 × 1194 毫米　　32 开
印　　张	3.25
字　　数	32 千字
版　　次	2023 年 8 月第 1 版
印　　次	2023 年 8 月第 1 次印刷
书　　号	ISBN 978-7-5225-1814-5
定　　价	54.00 元

★ 版权所有　侵权必究 ★

后浪漫《图文小百科》系列：